Ciao!

GIUNGLA

CONTARE
le tigri!

CI SONO 3 TIGRE

CONTARE
LE SCIMMIE!

CI SONO 5 SCIMMIE

CONTARE

i pappagalli!

CI SONO 2 PAPPAGALLI

CONTARE
i leopardi!

CI SONO 2 LEOPARDI

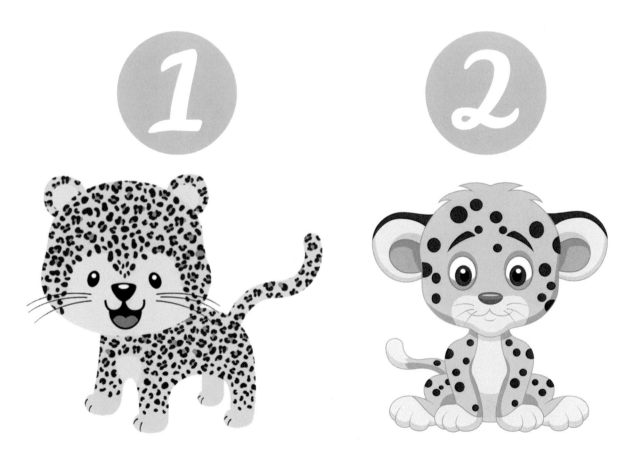

CONTARE
i coccodrilli!

CI SONO 4 COCCODRILLI

CONTARE
i serpenti!

CI SONO 3 SERPENTI

CONTARE
i rinoceronti!

CI SONO 2 RINOCERONTI

CONTARE
i bradipi!

CI SONO 3 BRADIPI

CONTARE

i panda!

CI SONO 4 PANDA

CONTARE
i ragni!

CI SONO 2 RAGNI

CONTARE
gli elefanti!

CI SONO 3 ELEFANTI

CONTARE

i leoni!

CI SONO 2 LEONI

CONTARE
i gatti selvatici!

CI SONO 3 GATTI SELVATICI

CONTARE
le rane!

CI SONO 5 RANE

CONTARE

i giaguari!

CI SONO 3 GIAGUARI

CONTARE

gli ippopotami!

CI SONO 4 IPPOPOTAMI

CONTARE

i camaleonti!

CI SONO 3 CAMALEONTI

Un'ultima cosa…
Ci piacerebbe sentire il tuo feedback
su questo libro!
Se ti è piaciuto questo libro o l'hai trovato utile, ti
saremmo molto grati se avessi pubblicato una
breve recensione su Amazon.
Il tuo supporto fa la differenza e leggiamo ogni
recensione personalmente.
Grazie per il vostro sostegno!

Enjoy Discovering

Made in the USA
Las Vegas, NV
09 October 2023

78795521R10024